El Poder de los Microhábitos: Transforma Tu Vida con Pequeños Cambios que Conducen a Grandes Resultados

Ethan Cole

Published by Ethan Cole, 2024.

EL PODER DE LOS MICROHÁBITOS: TRANSFORMA TU VIDA CON PEQUEÑOS CAMBIOS QUE CONDUCEN A GRANDES RESULTADOS

First edition. October 19, 2024.

ISBN: 979-8227915856

Written by Ethan Cole.

Tabla de Contenido

Introducción

El éxito no es un acto grandioso que se logra de una vez; es el
« resultado de pequeñas acciones repetidas constantemente a lo largo
del tiempo.» – Anónimo

Cuando pensamos en transformaciones importantes o en alcanzar grandes objetivos, a menudo imaginamos que necesitamos realizar cambios radicales o tener una fuerza de voluntad descomunal. La narrativa común de éxito, especialmente en la era de las redes sociales, nos presenta historias de logros rápidos y transformaciones impresionantes en plazos cortos. Sin embargo, esta percepción puede ser engañosa y llevarnos a subestimar el poder de las pequeñas acciones.

Las investigaciones han demostrado que las grandes transformaciones rara vez ocurren de la noche a la mañana. Son, de hecho, el resultado acumulativo de pequeños cambios realizados de manera coherente y persistente a lo largo del tiempo. Al igual que los intereses compuestos en una inversión financiera, las acciones simples que repetimos de forma constante crean un impacto exponencial que nos lleva a resultados sorprendentes y sostenibles.

Este libro se centra en un enfoque simple pero extremadamente poderoso: los microhábitos. Los microhábitos son pequeñas acciones que se integran en nuestra vida diaria y que, con el tiempo, generan resultados significativos y duraderos. No requieren un esfuerzo desmesurado ni grandes sacrificios, sino que se basan en la acumulación de pequeñas victorias diarias que, con el tiempo, se transforman en un cambio de hábitos profundo y duradero.

¿Por qué los Microhábitos Son Tan Efectivos?

2

Vivimos en un mundo que valora los logros rápidos, los resultados inmediatos y los cambios drásticos. Nos encontramos constantemente con historias de éxito que parecen ocurrir de la noche a la mañana: desde transformaciones físicas en cuestión de semanas, hasta el éxito empresarial repentino de nuevas empresas. Esta narrativa puede hacernos creer que el cambio verdadero requiere medidas radicales o sacrificios extremos, lo cual nos lleva a abandonar fácilmente cuando no vemos resultados rápidos.

Sin embargo, la mayoría de estos cambios drásticos no son sostenibles a largo plazo. Requieren un nivel de esfuerzo y de fuerza de voluntad que, inevitablemente, resulta insostenible. Los estudios han revelado que las personas que intentan cambios radicales suelen fracasar porque la fuerza de voluntad es limitada y no puede mantenerse constantemente.

Los microhábitos, en cambio, están diseñados para ser tan pequeños y fáciles de realizar que resulta prácticamente imposible no llevarlos a cabo. Al no exigir un gran esfuerzo físico o mental, se integran de forma natural en tu vida cotidiana y se convierten en acciones automáticas con el tiempo. Esta simplicidad es la clave de su éxito, pues al enfocarnos en microhábitos, evitamos la sensación de agobio y nos centramos en el progreso gradual y constante, que es el verdadero motor del cambio duradero.

¿Qué Puedes Esperar de Este Libro?

En *El Poder de los Microhábitos*, descubrirás un enfoque práctico, efectivo y basado en principios científicos para identificar, implementar y mantener microhábitos que impactarán de manera positiva todos los aspectos de tu vida. Este libro te proporcionará las herramientas y estrategias necesarias para transformar tu día a día y alcanzar un cambio significativo en el largo plazo.

A lo largo de este libro, exploraremos los siguientes conceptos y principios fundamentales:

- El Marco de los Microhábitos: Comprenderás cómo pequeños cambios coherentes crean un efecto compuesto, lo cual te permitirá alcanzar grandes resultados. Veremos cómo identificar y definir microhábitos específicos que se alineen con tus metas y valores, de manera que se conviertan en el catalizador de un cambio significativo.
- Romper el Ciclo de los Malos Hábitos: Te mostraré estrategias y métodos efectivos para desmantelar hábitos negativos reemplazándolos por acciones positivas. Aprenderás a reconocer los disparadores de tus malos hábitos y a utilizar técnicas prácticas para revertirlos.
- Microhábitos para el Crecimiento Personal y Profesional: Analizaremos microhábitos específicos que pueden potenciar tu productividad, fortalecer tu liderazgo, mejorar tu bienestar financiero y desarrollar tu autodisciplina. Descubrirás cómo estos pequeños cambios pueden transformar tu carrera profesional y tu vida personal.
- Mantener la Motivación y la Coherencia: Aprenderás técnicas comprobadas para mantener la motivación y la disciplina a lo largo del tiempo, incluso en momentos de duda o dificultad. La clave del éxito no es la motivación, sino la consistencia, y te mostraré cómo mantenerte en el camino correcto.
- Construir un Sistema Personalizado de Microhábitos: Explorarás cómo crear un sistema adaptado a tus objetivos, tus valores y tu estilo de vida. No se trata de seguir una fórmula rígida, sino de construir un enfoque que se ajuste a tus necesidades y te permita mantener un equilibrio en todas las áreas de tu vida.

La Filosofía de los Microhábitos: Enfocarse en el Progreso, No en la Perfección

Este libro no se trata de alcanzar una perfección inalcanzable, sino de enfocarse en el progreso continuo. La perfección es una meta ilusoria que muchas veces genera frustración y parálisis; en cambio, el progreso es alcanzable y motivador. Se trata de ser consciente de nuestras acciones diarias y de cómo, a través de pequeños pasos, podemos lograr un cambio significativo y duradero. Cada día es una nueva oportunidad para mejorar un poco más que ayer, para tomar una pequeña decisión que se acerque a la persona que deseas ser.

Esta filosofía se basa en la idea de que, si bien los cambios radicales pueden ser inspiradores, a menudo son los pequeños cambios cotidianos los que marcan la diferencia a largo plazo. Un buen ejemplo es la famosa cita de Bruce Lee: «No temo al hombre que ha practicado 10,000 patadas una sola vez, sino al hombre que ha practicado una patada 10,000 veces.» Esta idea refleja cómo la práctica constante y disciplinada de pequeños actos es la que produce los resultados más extraordinarios.

La Invitación a un Viaje de Transformación a Través de los Microhábitos

Te invito a embarcarte en este viaje hacia la transformación a través de los microhábitos. No importa cuáles sean tus objetivos, las herramientas que encontrarás en este libro te ayudarán a construir una vida de crecimiento continuo, equilibrio y satisfacción. A lo largo de estas páginas, te guiaré a través de estrategias prácticas, ejemplos concretos y principios científicos para que puedas aplicar estas ideas de inmediato en tu vida.

Recuerda que el éxito no es el resultado de un esfuerzo puntual y grandioso, sino el producto de pequeñas acciones repetidas día tras día. Comenzar con una acción diminuta puede parecer insignificante al principio, pero es precisamente ese enfoque deliberado en lo pequeño lo que te llevará a lograr resultados sorprendentes y sostenibles.

Así que, si estás listo para empezar a transformar tu vida de manera práctica y efectiva, no esperes más. ¡Vamos a empezar este viaje hacia el poder de los microhábitos!

Capítulo 1: Por Qué Los Grandes Cambios Fracasan

No subestimes nunca el poder de las pequeñas mejoras cotidianas. « A menudo, son estas pequeñas acciones las que nos llevan al éxito a largo plazo.» – Anónimo

Cuando nos proponemos realizar un gran cambio en nuestras vidas, ya sea mejorar nuestra salud, alcanzar un nuevo objetivo profesional o fortalecer nuestras relaciones, tendemos a pensar en términos de transformaciones drásticas. Muchos de nosotros nos enfrentamos al deseo de dar un salto radical, de pasar de cero a cien de inmediato y de lograr resultados impresionantes en un corto período de tiempo.

Sin embargo, hay un problema fundamental con este enfoque: los grandes cambios rara vez funcionan a largo plazo. ¿Por qué? Porque los esfuerzos intensos y radicales dependen en gran medida de la motivación momentánea y de la fuerza de voluntad, que son recursos limitados y volubles. Esta dependencia hace que la mayoría de las personas caigan en un ciclo constante de entusiasmo inicial seguido de abandono y frustración.

En este capítulo, exploraremos por qué los grandes cambios suelen fracasar, cuáles son las trampas psicológicas que los acompañan, y cómo los microhábitos ofrecen una alternativa más efectiva y sostenible.

La Trampa de los Cambios Drásticos

Es común caer en la trampa de los cambios drásticos porque están profundamente arraigados en nuestra cultura de logros rápidos. A menudo, las historias de éxito que escuchamos o vemos en los medios nos presentan una narrativa donde las personas logran grandes cosas de la noche a la mañana. Esto crea la ilusión de que los grandes resultados requieren grandes esfuerzos y sacrificios inmediatos.

El Problema de la Fuerza de Voluntad y la Motivación

Los cambios drásticos dependen principalmente de la fuerza de voluntad y la motivación. Al comenzar un nuevo hábito o un nuevo proyecto, es probable que sientas una gran motivación. Por ejemplo, al iniciar una nueva rutina de ejercicios, puedes estar inspirado y lleno de energía durante la primera semana. Pero, a medida que la novedad desaparece y surgen los desafíos, la motivación disminuye y la fuerza de voluntad se agota.

Apercepción Psicológica: Las investigaciones han demostrado que la fuerza de voluntad es como un músculo que se fatiga con el uso. Según estudios realizados por el psicólogo Roy Baumeister, la fuerza de voluntad se agota a lo largo del día a medida que tomamos decisiones y enfrentamos tentaciones. Cuando intentamos hacer cambios drásticos, agotamos rápidamente nuestra capacidad de autocontrol, lo que lleva al abandono de las nuevas rutinas.

El Mito del Gran Salto

La idea de que los grandes logros requieren un gran salto es uno de los mitos más comunes en el desarrollo personal. Nos han enseñado a creer que debemos transformar nuestras vidas con grandes acciones para lograr resultados importantes. Sin embargo, los estudios muestran que esta mentalidad del "gran salto" es un camino hacia la desilusión y el agotamiento.

El Peligro del Todo o Nada

El enfoque de todo o nada, que implica un compromiso total o ningún esfuerzo, puede ser una barrera significativa para el éxito a largo plazo. Cuando te enfrentas a un gran cambio, es fácil caer en el pensamiento de "si no puedo hacerlo todo bien, es mejor no hacer nada". Esta mentalidad te lleva a abandonar por completo tus esfuerzos ante el primer contratiempo o error.

Ejemplo Real: Muchas personas que intentan hacer dietas drásticas se encuentran en esta trampa. Comienzan con una restricción extrema, evitando completamente ciertos alimentos o reduciendo drásticamente las calorías. Sin embargo, al experimentar el primer desliz o antojo, caen en el pensamiento de "he arruinado todo" y abandonan por completo sus esfuerzos.

Apercepción Psicológica: La psicóloga Carol Dweck, conocida por su investigación sobre la mentalidad, señala que una mentalidad fija (creer que nuestras capacidades son inmutables) nos lleva a ver los errores como fracasos en lugar de oportunidades de aprendizaje. En cambio, una mentalidad de crecimiento nos permite ver cada pequeño paso como una oportunidad para mejorar y aprender, lo que es fundamental para adoptar microhábitos sostenibles.

Los Microhábitos: Una Solución Efectiva y Sostenible

A diferencia de los grandes cambios, los microhábitos se centran en la implementación de pequeñas acciones que son tan simples que resulta imposible no hacerlas. Esta simplicidad es su poder, ya que elimina las barreras de entrada y reduce la necesidad de una fuerza de voluntad extrema.

El Principio de la Pequeñez

Los microhábitos se basan en el principio de la pequeñez: realizar una acción tan pequeña que resulta difícil encontrar una excusa para no hacerla. Por ejemplo, en lugar de proponerte leer un libro completo cada semana, podrías empezar con el microhábito de leer una página cada día. Esta pequeña acción no requiere un gran esfuerzo y es fácil de integrar en tu rutina.

Apercepción Científica: El investigador BJ Fogg, fundador del Behavior Design Lab en la Universidad de Stanford, descubrió que los comportamientos pequeños y específicos son más efectivos para crear hábitos duraderos. Según su teoría, la clave para crear un hábito es hacerlo lo suficientemente pequeño como para que no requiera un alto nivel de motivación para llevarlo a cabo. Con el tiempo, estos pequeños hábitos se consolidan y pueden ampliarse de forma natural.

El Efecto Compuesto de los Microhábitos

Al igual que el interés compuesto en las finanzas, el efecto compuesto de los microhábitos es un fenómeno en el que pequeñas acciones repetidas de manera constante generan un gran impacto a largo plazo. Al realizar pequeñas mejoras todos los días, creas una base sólida que se acumula con el tiempo, llevando a resultados sorprendentes y sostenibles.

Ejemplo Real: El famoso inversionista Warren Buffett utiliza la analogía del interés compuesto para explicar cómo pequeñas inversiones regulares generan grandes resultados financieros. Esta misma idea se aplica a los hábitos: pequeñas mejoras diarias, como caminar 10 minutos cada día, pueden conducir a un cambio notable en tu salud a lo largo del tiempo.

Por Qué los Microhábitos Funciona Donde los Grandes Cambios Fallan

Los microhábitos son eficaces porque se basan en la consistencia y en la reducción de la fricción para realizar una acción. En lugar de depender de la motivación o de la fuerza de voluntad, los microhábitos eliminan los obstáculos y se integran de manera natural en tu rutina diaria. La clave de su éxito radica en su simplicidad y en la acumulación de pequeñas victorias.

Crear Microhábitos Requiere una Estrategia

Implementar microhábitos de manera efectiva no se trata solo de realizar acciones pequeñas al azar. Se necesita un enfoque estratégico que te permita identificar las áreas clave donde deseas mejorar, definir microhábitos específicos y estructurarlos de manera que se conviertan en una parte natural de tu vida diaria.

1. Identificar los Puntos de Dolor o Áreas de Oportunidad: Reflexiona sobre las áreas en tu vida donde te gustaría hacer cambios o mejorar. Esto podría incluir tu salud física, tu desarrollo profesional, tus relaciones o tu bienestar emocional. Identificar estas áreas te ayuda a definir qué microhábitos pueden tener el mayor impacto.

2. Definir Microhábitos Específicos: Una vez que hayas identificado tus áreas de enfoque, define microhábitos específicos que sean fáciles de realizar y que estén alineados con tus objetivos. Por ejemplo, si deseas mejorar tu salud, un microhábito podría ser beber un vaso de agua al despertar.

3. Estructurar los Microhábitos en una Rutina: Organiza tus microhábitos de manera que se integren en tu rutina diaria de forma fluida. Puedes agruparlos alrededor de hábitos ya existentes o utilizarlos como disparadores para otras acciones positivas.

Conclusión: Cambiar tu Mentalidad para Abrazar los Microhábitos

La clave para el éxito a largo plazo no es realizar grandes esfuerzos de manera esporádica, sino adoptar una mentalidad de crecimiento continuo y de mejora gradual. Al enfocarte en los microhábitos, te liberas de la presión de los cambios radicales y te permites avanzar de manera constante hacia tus objetivos.

Punto de Reflexión: Reflexiona sobre los cambios que has intentado hacer en el pasado y pregúntate si estabas adoptando un enfoque de todo o nada. ¿Cómo podrías aplicar el concepto de microhábitos para lograr los mismos objetivos de manera más efectiva? Tómate un momento para identificar un área en la que puedas comenzar con un pequeño cambio hoy mismo.

Capítulo 2: El Marco de los Microhábitos

———

« No es la magnitud de nuestras acciones, sino la constancia con la que las realizamos, lo que define nuestro éxito.» – Anónimo

Los microhábitos son el pilar fundamental de una estrategia de cambio duradero. La razón por la que funcionan tan bien es que, al ser pequeños y específicos, evitan el agotamiento y el desgaste que frecuentemente acompañan a los grandes esfuerzos. Sin embargo, para aprovechar al máximo el poder de los microhábitos, es necesario comprender el marco que los sustenta y cómo diseñarlos estratégicamente para que se alineen con tus metas y valores.

En este capítulo, exploraremos el marco de los microhábitos, sus componentes clave y cómo puedes crear un sistema personalizado que te ayude a obtener resultados significativos a largo plazo. Aprenderás cómo establecer microhábitos efectivos, cómo vincularlos con comportamientos ya existentes y cómo reforzar su impacto a través de la consistencia y la repetición.

¿Qué Es un Microhábito?

Un microhábito es una pequeña acción que se realiza de manera intencional y coherente para lograr un cambio positivo en algún aspecto de tu vida. La clave de un microhábito es su simplicidad: debe ser lo suficientemente pequeño como para que sea imposible no hacerlo. La idea detrás de los microhábitos es aprovechar la acumulación de pequeñas mejoras que, con el tiempo, generan un cambio significativo.

Definir y Entender los Microhábitos

Los microhábitos son pequeños por diseño, y su eficacia radica en su capacidad para ser repetidos con facilidad y consistencia. Por ejemplo, si tu objetivo es leer más libros, un microhábito efectivo podría ser leer una página cada noche antes de dormir. Este pequeño acto no requiere una gran cantidad de tiempo ni esfuerzo, pero con el tiempo, conduce a un hábito de lectura sostenible.

Apercepción Psicológica: Según los estudios de la psicóloga Wendy Wood de la Universidad del Sur de California, los hábitos representan el 43% de nuestras acciones diarias. Los microhábitos son una forma de tomar el control consciente de esas acciones automáticas para redirigirlas hacia comportamientos positivos.

Los Componentes Clave de un Microhábito

Para crear un microhábito efectivo, es importante entender sus componentes básicos. Cada microhábito tiene tres partes fundamentales: el disparador, la acción y la recompensa. Este marco se basa en la teoría de la «*loop del hábito*», desarrollada por el autor Charles Duhigg en su libro *The Power of Habit*.

1. El Disparador: El Punto de Inicio del Hábito

El disparador es un evento o una señal que te recuerda realizar el microhábito. Puede ser algo tan simple como una hora específica, una acción que realizas con regularidad o un objeto visible en tu entorno. Los disparadores ayudan a automatizar la acción del microhábito al eliminar la necesidad de recordar conscientemente qué hacer.

Ejemplo Real: Si deseas adoptar el microhábito de meditar todos los días, puedes establecer como disparador la acción de cepillarte los dientes por la mañana. Cada vez que te cepilles los dientes, este acto te recordará que es momento de meditar durante cinco minutos.

Apercepción Psicológica: La investigación de BJ Fogg en la Universidad de Stanford destaca la importancia de los disparadores en la creación de hábitos sostenibles. Según su teoría del comportamiento, un disparador efectivo debe ser fácil de identificar y estar asociado con una acción existente.

2. La Acción: La Pequeña Tarea a Realizar

La acción es el microhábito en sí: una tarea específica, pequeña y manejable que se puede realizar de manera consistente. La clave de una acción exitosa es su simplicidad. Un microhábito debe ser lo suficientemente pequeño como para no generar resistencia o dudas sobre si se puede completar.

3. La Recompensa: El Refuerzo Positivo que Consolida el Hábito

La recompensa es el último componente del marco de los microhábitos. Al proporcionar una sensación de satisfacción o gratificación inmediata después de completar la acción, la recompensa refuerza el comportamiento y lo hace más probable para el futuro. Las recompensas no tienen que ser materiales; pueden ser emociones positivas como la sensación de logro o un momento de paz mental.

Ejemplo Real: Después de completar una sesión de meditación de cinco minutos, puedes disfrutar de una taza de té relajante. La sensación de calma y la experiencia sensorial del té actúan como una recompensa, reforzando la acción de la meditación.

Diseñar Microhábitos que Funcionen

El diseño de microhábitos efectivos implica tomar en cuenta los componentes clave del disparador, la acción y la recompensa, y estructurarlos de manera que se integren en tu vida diaria. A continuación, se presentan algunas estrategias para crear microhábitos que funcionen de manera efectiva:

1. Empieza con Hábitos Pequeños y Sostenibles

La clave para establecer microhábitos exitosos es comenzar con acciones que sean tan pequeñas que no puedan ser ignoradas. Esto te ayuda a superar la resistencia inicial y a crear impulso. Por ejemplo, si deseas hacer ejercicio regularmente, en lugar de comprometerte a correr 5 kilómetros todos los días, empieza con el microhábito de hacer 10 sentadillas al levantarte.

Apercepción Científica: Estudios realizados por el Instituto de Neurociencia de la Universidad de Princeton han demostrado que la introducción de pequeñas acciones repetitivas cambia las conexiones neuronales en el cerebro, facilitando la automatización de las conductas positivas.

2. Vincula los Microhábitos con Comportamientos Existentes

Una estrategia efectiva para establecer un nuevo microhábito es vincularlo a un hábito que ya formas parte de tu rutina diaria. Esto se conoce como «apilamiento de hábitos» y es una técnica poderosa para integrar nuevos comportamientos en tu vida sin requerir un esfuerzo adicional.

Ejemplo Real: Si deseas mejorar tu hidratación, podrías vincular el microhábito de beber un vaso de agua con la acción de despertar. Cada mañana, después de apagar tu despertador, bebes un vaso de agua antes de hacer cualquier otra cosa. Esta conexión entre el despertar y la hidratación refuerza el microhábito.

3. Utiliza Recompensas Inmediatas y Significativas

Para que un microhábito se consolide, es fundamental que la recompensa sea inmediata y significativa. Esto no significa que siempre necesites recompensas materiales; a menudo, una recompensa emocional o mental es suficiente. La clave es crear una asociación positiva con el microhábito, de modo que tu cerebro lo vea como algo deseable y gratificante.

Construir una Cadena de Microhábitos

El marco de los microhábitos no se trata solo de crear acciones individuales, sino de diseñar una cadena de microhábitos que trabajen en conjunto para lograr un cambio integral. Esta estrategia implica organizar tus microhábitos de manera secuencial, de modo que cada acción desencadene la siguiente.

La Estrategia de Encadenamiento de Hábitos

La estrategia de encadenamiento de hábitos consiste en tomar un microhábito que ya dominas y usarlo como un disparador para el siguiente. De esta manera, creas una cadena lógica de acciones que se desarrollan de forma natural en tu rutina diaria. Por ejemplo, si ya tienes el hábito de desayunar todos los días, puedes vincular un nuevo microhábito de leer durante cinco minutos mientras tomas tu café.

Apercepción Psicológica: Las investigaciones de James Clear, autor de *Atomic Habits*, demuestran que el encadenamiento de hábitos crea un patrón predecible que facilita la repetición y la automatización. La mente humana se adapta rápidamente a las secuencias de acciones, lo que reduce la fricción para completar cada paso.

Conclusión: Construir una Fundación de Éxito Duradero

El marco de los microhábitos proporciona una estructura clara y efectiva para crear cambios positivos en tu vida. Al diseñar microhábitos pequeños, específicos y vinculados a disparadores existentes, puedes construir una base sólida de hábitos que te lleven hacia tus metas a largo plazo. Recuerda que el éxito no se logra a través de grandes esfuerzos puntuales, sino mediante pequeñas acciones repetidas de manera constante.

Punto de Reflexión: Reflexiona sobre una meta que deseas alcanzar y considera cómo podrías descomponerla en microhábitos manejables. Identifica un disparador claro para cada microhábito y piensa en una recompensa significativa para consolidarlo. Empieza hoy mismo a crear la base para un éxito duradero.

Capítulo 3: Microhábitos Prácticos para el Crecimiento Personal

—————

 No se trata de hacer cosas extraordinarias, sino de hacer cosas ordinarias de manera extraordinaria.» – Mahatma Gandhi

Los microhábitos pueden ser el motor que impulsa tu crecimiento personal en diversas áreas de tu vida. Desde mejorar tu salud física hasta desarrollar tu mente y fortalecer tus relaciones, los microhábitos proporcionan una base sólida para el éxito a largo plazo. La clave está en identificar microhábitos específicos y estratégicos que se alineen con tus objetivos y te acerquen a la persona que deseas ser.

En este capítulo, exploraremos microhábitos prácticos que puedes adoptar para mejorar tres áreas fundamentales de tu vida: el bienestar físico y mental, el desarrollo intelectual, y las relaciones personales. A través de ejemplos concretos y estrategias basadas en la investigación, descubrirás cómo estas pequeñas acciones pueden conducir a un cambio profundo y sostenido.

Microhábitos para el Bienestar Físico y Mental

Tu salud física y mental es la base de tu bienestar general y de tu capacidad para prosperar en todos los aspectos de tu vida. Cuidar de tu cuerpo y de tu mente te permite tener la energía y la claridad necesarias para enfrentar los desafíos diarios. Sin embargo, muchas personas se sienten abrumadas al intentar mejorar su salud porque creen que deben hacer cambios drásticos de inmediato. Aquí es donde los microhábitos pueden marcar la diferencia.

Microhábitos para Mejorar tu Salud Física

1. Beber un Vaso de Agua al Despertar
   Un microhábito sencillo pero poderoso para mejorar tu salud física es beber un vaso de agua al despertar. Esta acción te ayuda a rehidratarte después de horas de sueño y a activar tu metabolismo desde el principio del día. Es un gesto pequeño, pero tiene un impacto significativo en tu nivel de energía y tu claridad mental.

Apercepción Científica: Investigaciones publicadas en *The Journal of Clinical Endocrinology & Metabolism* han demostrado que la hidratación adecuada al despertar aumenta la capacidad de concentración y mejora el funcionamiento cognitivo. Beber agua al iniciar el día también ayuda a regular la temperatura corporal y a mantener un equilibrio adecuado de líquidos.

1. Hacer 5 Minutos de Estiramientos Matutinos
   Incorporar una sesión de estiramientos de cinco minutos al comenzar el día es un microhábito que mejora la flexibilidad, reduce la rigidez muscular y aumenta la circulación sanguínea. Además, los estiramientos matutinos preparan tu cuerpo para las actividades del día y pueden aliviar la tensión acumulada durante el sueño.

Ejemplo Real: El atleta y conferencista Tony Horton, creador del programa de ejercicios P90X, recomienda hacer una breve sesión de estiramientos cada mañana para activar el cuerpo y reducir el riesgo de lesiones. Aunque se trate de solo cinco minutos, esta práctica diaria mejora la movilidad y la postura de manera notable.

1. Caminar Durante 10 Minutos al Día
   Si te resulta difícil incorporar el ejercicio a tu rutina, un microhábito simple pero efectivo es caminar durante 10 minutos cada día. Puedes hacerlo después de las comidas,

durante tus descansos laborales o al final del día. Caminar no solo mejora tu salud cardiovascular, sino que también estimula la creatividad y alivia el estrés.

Apercepción Científica: Estudios de la Universidad de Stanford han demostrado que caminar aumenta la creatividad en un 60% y mejora la resolución de problemas. Los investigadores observaron que el movimiento físico incrementa el flujo sanguíneo al cerebro, lo cual mejora las funciones cognitivas.

Microhábitos para Mejorar tu Salud Mental

1. Practicar la Respiración Consciente Durante 2 Minutos
   La respiración consciente es un microhábito simple que puedes practicar en cualquier momento del día para reducir el estrés y mejorar tu claridad mental. Dedica dos minutos a inhalar profundamente por la nariz, retener el aire durante unos segundos y exhalar lentamente por la boca. Esta técnica activa el sistema nervioso parasimpático, promoviendo un estado de calma y relajación.

Ejemplo Real: El empresario y autor Arianna Huffington utiliza la respiración consciente como parte de su rutina diaria para gestionar el estrés y mantener la claridad en su ocupada agenda. Ella destaca que la respiración consciente es una de las herramientas más poderosas para centrarse y recuperar la calma en situaciones desafiantes.

1. Escribir 3 Cosas Positivas al Final del Día
   Llevar un diario de gratitud es un microhábito que mejora significativamente tu bienestar emocional. Antes de acostarte, tómate unos minutos para escribir tres cosas por las que te sientes agradecido ese día. Este pequeño gesto cambia tu enfoque mental hacia lo positivo y fortalece tu resiliencia

emocional.

Apercepción Psicológica: La investigación del Dr. Robert Emmons, experto en psicología positiva, revela que las personas que practican la gratitud regularmente experimentan niveles más altos de felicidad y una reducción significativa en los síntomas de depresión. La práctica de la gratitud promueve un ciclo positivo de pensamientos y emociones.

Microhábitos para el Desarrollo Intelectual

El crecimiento personal también implica desarrollar tu mente y ampliar tus conocimientos. Los microhábitos intelectuales te permiten cultivar una mentalidad de aprendizaje continuo sin la necesidad de comprometer grandes cantidades de tiempo o energía. A continuación, se presentan algunos microhábitos prácticos para mejorar tu desarrollo intelectual:

1. Leer 5 Páginas al Día
   Si deseas leer más libros pero te resulta difícil encontrar tiempo, un microhábito efectivo es leer cinco páginas al día. Esta cantidad es manejable y se puede completar en unos pocos minutos, lo cual elimina la barrera de la falta de tiempo. Al final del año, habrás leído más de 1,800 páginas, lo que equivale a varios libros.

Ejemplo Real: El inversor Warren Buffett atribuye gran parte de su éxito al hábito de leer diariamente. Aunque dedica horas a la lectura, recomienda empezar con un objetivo pequeño y realista, como leer unas pocas páginas cada día, para desarrollar gradualmente el hábito.

1. Escuchar un Podcast o Audiolibro Durante los Traslados
   Aprovecha tus momentos de traslado o tus rutinas diarias para aprender algo nuevo. Escuchar un podcast educativo o un audiolibro mientras conduces, caminas o realizas tareas del

hogar es un microhábito que te permite convertir el tiempo pasivo en tiempo productivo.

Apercepción Psicológica: Según un estudio de la Universidad de California, la exposición continua a contenido educativo en forma de audio mejora la retención de información y la capacidad de adquirir nuevos conocimientos. Escuchar mientras realizas actividades cotidianas optimiza el tiempo y fomenta una mentalidad de aprendizaje constante.

1. Escribir un Pensamiento o Idea Nueva Cada Día
   La escritura es una herramienta poderosa para organizar tus pensamientos y estimular la creatividad. Dedica unos minutos al final de cada día para escribir una idea, una reflexión o un concepto que hayas aprendido o descubierto. Este microhábito te ayudará a desarrollar tu capacidad de pensamiento crítico y a registrar tus avances intelectuales.

Ejemplo Real: El escritor y filósofo Marcus Aurelius llevaba un diario en el que registraba sus reflexiones diarias y aprendizajes. A lo largo del tiempo, esta práctica le permitió cultivar la claridad mental y la introspección, lo que influyó profundamente en su liderazgo y en su filosofía de vida.

Microhábitos para Fortalecer las Relaciones Personales

Las relaciones personales son una fuente importante de felicidad y bienestar. Cultivar microhábitos que fortalezcan tus relaciones te permite construir conexiones más sólidas y profundas con las personas que te rodean. Aquí tienes algunos microhábitos que puedes implementar para mejorar tus relaciones personales:

1. Enviar un Mensaje de Agradecimiento Cada Día
   Un microhábito poderoso para mejorar tus relaciones es enviar un mensaje de agradecimiento o aprecio a una persona cada

día. Puede ser un mensaje de texto, un correo electrónico o una nota escrita a mano. Este pequeño gesto muestra tu gratitud y refuerza los lazos emocionales.

Apercepción Psicológica: Investigaciones publicadas en *The Journal of Positive Psychology* demuestran que expresar gratitud aumenta la satisfacción en las relaciones y fortalece la conexión emocional entre las personas. Aquellos que expresan agradecimiento regularmente son percibidos como más confiables y generosos.

1. Escuchar Activamente Durante las Conversaciones
   La escucha activa es un microhábito que mejora la calidad de tus interacciones y muestra a los demás que valoras sus opiniones y emociones. Durante las conversaciones, practica poner toda tu atención en la otra persona, evitando distracciones y reformulando los puntos clave para demostrar tu comprensión.

Ejemplo Real: El líder empresarial Indra Nooyi, ex CEO de PepsiCo, es conocida por su habilidad para escuchar activamente a sus empleados y colaboradores. Esta práctica le ha permitido crear una cultura de respeto y confianza dentro de la empresa, y ha sido una de las claves de su éxito como líder.

Conclusión: Construir una Base para el Crecimiento Personal

Los microhábitos son la base para crear un crecimiento personal sostenido y significativo. Al enfocarte en pequeñas acciones que impactan tu bienestar físico, tu salud mental, tu desarrollo intelectual y tus relaciones personales, puedes construir una vida equilibrada y satisfactoria. La clave es identificar microhábitos que se alineen con tus metas y valores, y ser constante en su práctica.

Punto de Reflexión: Reflexiona sobre las áreas de tu vida en las que deseas mejorar. ¿Qué microhábitos podrías adoptar para tener un impacto positivo en tu salud, tu desarrollo intelectual o tus relaciones? Identifica un microhábito específico para cada área y crea un plan para implementarlo diariamente. Recuerda que, a través de pequeñas acciones constantes, puedes construir una base sólida para un crecimiento personal sostenido.

Capítulo 4: Romper el Ciclo de los Malos Hábitos

« El primer paso para liberarte de un mal hábito es comprenderlo; el segundo, reemplazarlo por uno que te lleve hacia donde deseas ir.»
– Anónimo

Todos tenemos malos hábitos que nos gustaría cambiar. Ya sea la procrastinación, comer en exceso, evitar el ejercicio, gastar de más o dejarnos llevar por la negatividad, estos comportamientos se han arraigado en nuestra vida y, con frecuencia, se vuelven patrones difíciles de romper. La lucha contra los malos hábitos puede ser desalentadora, especialmente cuando no entendemos qué los origina y cómo perpetúan su control sobre nosotros.

En este capítulo, exploraremos la raíz de los malos hábitos, por qué son tan difíciles de eliminar, y cómo reemplazarlos de manera efectiva con microhábitos positivos. Con una combinación de comprensión psicológica, técnicas prácticas y ejemplos reales, aprenderás cómo romper el ciclo de los malos hábitos y crear un camino hacia un cambio positivo y duradero.

¿Por Qué los Malos Hábitos Son Tan Difíciles de Romper?

Los malos hábitos son difíciles de romper porque están profundamente arraigados en nuestras conexiones neuronales y se han convertido en patrones automáticos de comportamiento. A medida que repetimos un mal hábito, reforzamos las rutas neuronales asociadas a ese comportamiento, lo que hace que el hábito se convierta en un modo predeterminado al que recurrimos sin pensarlo.

El Ciclo del Hábito: Disparador, Rutina y Recompensa

El ciclo del hábito es un modelo desarrollado por el autor Charles Duhigg en su libro *The Power of Habit*. Este modelo sugiere que cada hábito se compone de tres elementos fundamentales:

1. Disparador: Es el evento o situación que inicia el hábito. Puede ser un estado emocional, una hora del día, un lugar específico o una persona. Por ejemplo, sentir estrés en el trabajo podría ser el disparador para un mal hábito de comer alimentos poco saludables.

2. Rutina: Es la acción o comportamiento que realizamos como resultado del disparador. La rutina puede ser positiva o negativa, dependiendo del hábito en cuestión. En el ejemplo anterior, la rutina sería comer un paquete de galletas cada vez que te sientas estresado.

3. Recompensa: Es la sensación de gratificación o alivio que obtenemos después de completar la rutina. La recompensa fortalece el ciclo y hace que sea más probable que el hábito se repita en el futuro. En este caso, la recompensa sería la sensación de alivio temporal del estrés.

Apercepción Psicológica: Según estudios realizados por el Dr. Wendy Wood de la Universidad del Sur de California, alrededor del 40% de nuestras acciones diarias son hábitos, lo que significa que operamos en un «modo automático» gran parte del tiempo. Romper este ciclo automático requiere un enfoque estratégico y consciente.

La Base Biológica de los Malos Hábitos

Desde una perspectiva neurocientífica, los malos hábitos se desarrollan en áreas del cerebro asociadas con la recompensa y la toma de decisiones. La repetición de un comportamiento activa el núcleo accumbens, una parte del cerebro que responde a las recompensas y libera dopamina, la hormona del placer. Cuantas más veces realizamos un mal hábito, más fuerte se vuelve la conexión neuronal, lo que refuerza el ciclo.

Ejemplo Científico: Un estudio de la Universidad de Duke encontró que los comportamientos repetitivos refuerzan las conexiones sinápticas, creando lo que los investigadores llaman «rutas rápidas de comportamiento». Esto significa que cada vez que repetimos un mal hábito, facilitamos que nuestro cerebro siga ese camino en el futuro, independientemente de nuestra intención consciente de cambiar.

Identificar y Comprender tus Malos Hábitos

El primer paso para romper un mal hábito es identificarlo y comprender su ciclo. Esto implica prestar atención a los disparadores que lo activan, la rutina que sigues y la recompensa que obtienes. Al comprender estos elementos, puedes comenzar a interrumpir el ciclo y reemplazar el mal hábito con uno positivo.

Ejercicio Práctico: El Diario del Hábito

Una técnica útil para identificar tus malos hábitos es llevar un diario del hábito. Durante una semana, anota cada vez que te des cuenta de que estás realizando un mal hábito. Incluye información sobre lo siguiente:

1. Disparador: ¿Qué situación, emoción o entorno te llevó a realizar el hábito?
2. Rutina: ¿Qué acción llevaste a cabo?
3. Recompensa: ¿Qué sensación o resultado obtuviste después de completar la rutina?

Este ejercicio te ayudará a tomar conciencia de los patrones automáticos que sigues y a identificar los disparadores específicos que activan tus malos hábitos.

Ejemplo Real: El autor James Clear menciona en *Atomic Habits* que comenzó a llevar un diario del hábito cuando intentaba reducir el tiempo que pasaba viendo televisión. Al anotar cada vez que encendía la televisión, se dio cuenta de que el disparador era la sensación de aburrimiento después de cenar. Identificar este disparador le permitió encontrar una alternativa productiva, como leer durante 15 minutos.

Las Trampas Psicológicas de los Malos Hábitos

Los malos hábitos a menudo se refuerzan a sí mismos a través de trampas psicológicas, como la disonancia cognitiva y la racionalización. La disonancia cognitiva se produce cuando intentamos justificar un comportamiento que sabemos que es perjudicial. Por ejemplo, una persona que fuma puede decirse a sí misma que «solo es un cigarrillo», minimizando el impacto a largo plazo.

Apercepción Psicológica: El psicólogo Leon Festinger desarrolló la teoría de la disonancia cognitiva para explicar cómo los individuos intentan reducir la incomodidad psicológica al justificar comportamientos inconsistentes con sus creencias. Esta justificación crea un ciclo en el que los malos hábitos se perpetúan a través de la racionalización.

Interrumpir el Ciclo de los Malos Hábitos

Una vez que hayas identificado tus malos hábitos y sus disparadores, el siguiente paso es interrumpir el ciclo. Esto implica reemplazar la rutina negativa con una positiva que ofrezca una recompensa similar. La clave para interrumpir el ciclo es hacer que la nueva rutina sea tan fácil y atractiva como el hábito negativo original.

1. Sustituir la Rutina con un Microhábito Positivo

En lugar de intentar eliminar un mal hábito de golpe, es más efectivo sustituirlo por un microhábito positivo que sea fácil de realizar y que te proporcione una recompensa similar. Por ejemplo, si tu mal hábito es comer alimentos poco saludables cuando te sientes estresado, podrías reemplazar esa rutina con un microhábito de dar un breve paseo o hacer una sesión de respiración consciente.

Apercepción Científica: Los estudios del Dr. B.F. Skinner, pionero en la psicología conductual, demostraron que reemplazar un comportamiento negativo por uno positivo con una recompensa similar es una estrategia más efectiva que intentar suprimir el comportamiento por completo.

2. Reducir la Exposición a los Disparadores

Otra forma de interrumpir el ciclo de los malos hábitos es reducir la exposición a los disparadores que los activan. Si puedes identificar los factores ambientales o emocionales que desencadenan tus hábitos negativos, puedes tomar medidas para minimizarlos o evitarlos por completo.

Ejemplo Real: El empresario Tim Ferriss menciona que cuando intentó reducir su consumo de azúcar, se dio cuenta de que su disparador era tener dulces visibles en la cocina. Para interrumpir este ciclo, eliminó los dulces de su casa y los reemplazó por alternativas saludables como frutas frescas.

3. Utilizar Recompensas Inmediatas y Positivas

Las recompensas inmediatas refuerzan la conexión entre el microhábito positivo y la sensación de gratificación. Al proporcionar una recompensa similar o mejor a la que obtenías del mal hábito, puedes facilitar el cambio de comportamiento. Por ejemplo, si decides reemplazar un mal hábito de navegar por las redes sociales antes de dormir con la lectura de un libro, elige una historia interesante que te entusiasme y te relaje al mismo tiempo.

Apercepción Psicológica: Según investigaciones del Dr. B.J. Fogg, una recompensa inmediata fortalece el hábito al crear una «huella emocional» que se asocia con el comportamiento positivo. Esto hace que el hábito sea más probable de repetirse en el futuro.

Reforzar los Nuevos Hábitos a Través de la Repetición y la Celebración

Una vez que hayas interrumpido el ciclo de los malos hábitos, es esencial reforzar los nuevos hábitos a través de la repetición y la celebración. La consistencia y el refuerzo positivo son las claves para convertir un microhábito en una parte estable de tu vida.

1. Crear Repetición y Consistencia

La repetición es fundamental para convertir un microhábito en un hábito automático. La neurociencia ha demostrado que la repetición de una acción refuerza las conexiones neuronales y facilita su automatización. Para crear consistencia, comienza con una cantidad de tiempo mínima para practicar el nuevo hábito. Por ejemplo, si deseas meditar todos los días, comienza con solo dos minutos y aumenta gradualmente el tiempo.

Ejemplo Real: El entrenador personal James Lawrence, conocido como el «Iron Cowboy», completó 50 triatlones Ironman en 50 días consecutivos. Lawrence atribuye su éxito a la consistencia y a seguir un plan de entrenamiento meticuloso basado en pequeños pasos diarios. Al completar pequeñas acciones diarias de entrenamiento, logró lo que muchos consideraban imposible. Esta práctica constante permitió que su cuerpo y su mente se adaptaran a los rigores de la competencia, un día a la vez.

2. Celebrar las Pequeñas Victorias

Celebrar las pequeñas victorias te ayuda a reforzar los nuevos hábitos y a mantenerte motivado a lo largo del tiempo. Cada vez que completes un microhábito, tómate un momento para reconocer tu logro y sentirte bien por haber tomado una decisión positiva. Las celebraciones no tienen que ser grandes ni elaboradas; un simple «¡bien hecho!» o una sonrisa pueden ser suficientes.

Apercepción Psicológica: Según estudios realizados por la psicóloga Teresa Amabile, la celebración de pequeños logros genera una sensación de progreso y satisfacción, lo cual aumenta la motivación y refuerza el comportamiento positivo. Reconocer estos logros permite reforzar las conexiones emocionales positivas con el hábito.

3. Utilizar Sistemas de Responsabilidad y Seguimiento

Los sistemas de responsabilidad son una herramienta poderosa para mantener la coherencia y reforzar los nuevos hábitos. Involucrar a un amigo, mentor o grupo de apoyo te ayuda a mantenerte comprometido con tus microhábitos, ya que te proporciona un sentido de responsabilidad y apoyo externo.

Ejemplo Real: El emprendedor Tim Ferriss utiliza una técnica llamada «amigo de responsabilidad», en la cual se compromete públicamente con un amigo cercano a alcanzar un objetivo específico. Este simple acto de rendir cuentas a alguien más lo motiva a mantenerse enfocado en sus microhábitos, incluso cuando surgen distracciones.

4. Crear Recordatorios Visuales y Señales de Acción

Los recordatorios visuales son herramientas efectivas para reforzar tus microhábitos y mantener el enfoque. Coloca notas adhesivas en lugares visibles o utiliza aplicaciones de seguimiento de hábitos para recibir notificaciones diarias. Los recordatorios visuales actúan como señales que desencadenan el hábito, incluso en momentos de baja motivación.

Ejemplo Real: El autor Jerry Seinfeld utiliza una técnica llamada «cadena de hábitos», en la cual marca un calendario cada día que cumple con un microhábito. Su objetivo es no romper la cadena, lo cual se convierte en una motivación visual y un incentivo para mantener la coherencia.

Superar los Desafíos y Mantener la Coherencia en los Nuevos Hábitos

A lo largo del camino, es probable que enfrentes desafíos, momentos de duda y retrocesos. Es fundamental adoptar una mentalidad de resiliencia y flexibilidad para superar estos obstáculos y mantener la coherencia en tus microhábitos.

1. Practicar la Autocompasión

Es normal cometer errores o tener días en los que no puedas cumplir con tus microhábitos. En lugar de castigarte, practica la autocompasión y reconoce que los retrocesos son una parte natural del proceso. La autocompasión te permite retomar el camino con una mentalidad positiva y enfocada en el aprendizaje.

Apercepción Psicológica: La investigadora Kristin Neff ha demostrado que la autocompasión está asociada con una mayor resiliencia y una menor autocrítica. Aquellos que practican la autocompasión son más propensos a recuperarse rápidamente de los fracasos y a mantener una actitud positiva hacia el cambio.

2. Redefine el Fracaso como Aprendizaje

En lugar de ver los retrocesos como fracasos, redefine estas experiencias como oportunidades de aprendizaje. Pregúntate qué puedes aprender de un contratiempo y cómo puedes ajustar tu enfoque en el futuro. Al adoptar esta mentalidad, transformas los desafíos en oportunidades para mejorar.

Ejemplo Real: La autora Brené Brown enfatiza la importancia de la vulnerabilidad y la disposición a aprender de los errores. Ella sugiere que aceptar nuestras imperfecciones y aprender de ellas nos permite mantener una mentalidad de crecimiento y resiliencia.

Los Microhábitos como Estrategia para Reemplazar Malos Hábitos

Hasta ahora hemos explorado cómo identificar, interrumpir y reemplazar los malos hábitos, pero ¿qué papel desempeñan los microhábitos en este proceso? La clave para reemplazar un mal hábito con éxito es elegir un microhábito que sea simple, positivo y que pueda proporcionar una recompensa similar. A continuación, analizaremos cómo diseñar microhábitos estratégicos para reemplazar malos hábitos específicos.

1. Reemplazar los Hábitos Negativos de Alimentación con Hábitos de Elección Consciente

Si tienes el mal hábito de comer en exceso o consumir alimentos poco saludables como una forma de lidiar con el estrés, un enfoque efectivo es reemplazarlo con un microhábito de elección consciente. Por ejemplo, puedes decidir beber un vaso de agua cada vez que sientas la tentación de consumir comida chatarra, o comer una pieza de fruta fresca en su lugar.

Apercepción Científica: La investigación de la Universidad de Harvard ha demostrado que tomar decisiones conscientes en lugar de actuar de manera impulsiva reduce la ingesta calórica y mejora la sensación de control sobre la alimentación. Esto crea una sensación de logro al tomar decisiones saludables de forma proactiva.

2. Reemplazar la Procrastinación con Microhábitos de Acción Inmediata

La procrastinación es uno de los malos hábitos más comunes que impiden alcanzar nuestros objetivos. Un microhábito efectivo para combatir la procrastinación es adoptar la regla de los «dos minutos». Esta regla implica dedicar dos minutos a una tarea pendiente en lugar de posponerla indefinidamente. La clave es superar la resistencia inicial a través de una acción pequeña y manejable.

Ejemplo Real: El autor David Allen, creador del método *Getting Things Done (GTD)*, sugiere la regla de los dos minutos como una técnica para iniciar tareas difíciles. Allen explica que una vez que comenzamos una tarea, es más probable que la completemos porque hemos superado la barrera inicial.

3. Reemplazar el Uso Excesivo del Teléfono con Microhábitos de Desconexión

El uso excesivo del teléfono y la navegación sin propósito por las redes sociales son malos hábitos que pueden reducir la productividad y aumentar el estrés. Un microhábito útil es establecer tiempos específicos de «desconexión» durante el día, en los que apagues las notificaciones y dediques tiempo a actividades sin pantalla, como la lectura o el ejercicio.

Apercepción Psicológica: Según investigaciones de la Universidad de California, la desconexión digital regular reduce la ansiedad y mejora la capacidad de concentración. Crear períodos intencionales de desconexión permite recuperar el control sobre el uso del tiempo y reduce la dependencia de las notificaciones constantes.

Desarrollar Microhábitos que Refuercen el Bienestar y la Resiliencia

Los microhábitos no solo son una estrategia para reemplazar malos hábitos, sino que también son fundamentales para cultivar el bienestar emocional y la resiliencia frente a los desafíos. Al integrar microhábitos que fomenten la gratitud, el autocuidado y la reflexión, puedes construir una base sólida para el crecimiento continuo.

1. Practicar la Gratitud Diariamente

La gratitud es un microhábito que mejora la salud emocional y aumenta la resiliencia. Dedica unos minutos cada día a escribir tres cosas por las que te sientes agradecido. Este pequeño gesto cambia tu enfoque mental hacia lo positivo y te ayuda a apreciar lo que tienes en lugar de enfocarte en lo que falta.

Ejemplo Real: La investigadora Brené Brown ha encontrado que la gratitud es un factor clave en la resiliencia emocional. Brown sugiere que practicar la gratitud de manera consciente ayuda a crear un sentido de satisfacción y a mantener una mentalidad optimista.

2. Practicar el Autocuidado y la Reflexión Regularmente

El autocuidado es fundamental para mantener la energía y la claridad mental. Dedicar tiempo a actividades que nutran tu bienestar, como la meditación, el ejercicio o el descanso, es esencial para mantener el equilibrio y la capacidad de enfrentar desafíos. Además, la reflexión regular te permite evaluar tus avances y ajustar tu enfoque según sea necesario.

Apercepción Científica: La investigación del Dr. Daniel Goleman ha demostrado que la autorreflexión regular mejora la inteligencia emocional y la capacidad de autorregulación. Al evaluar tus acciones y emociones, puedes identificar patrones negativos y realizar ajustes de manera proactiva.

Conclusión: Romper el Ciclo de los Malos Hábitos y Construir una Vida Positiva

Romper el ciclo de los malos hábitos no se trata de eliminar de golpe todos tus comportamientos negativos, sino de comprenderlos y reemplazarlos de manera gradual con microhábitos positivos. Al identificar los disparadores, interrumpir las rutinas negativas y reforzar las nuevas con recompensas, puedes construir una vida más saludable, productiva y satisfactoria.

Punto de Reflexión: Reflexiona sobre un mal hábito que te gustaría cambiar. ¿Cuál es el disparador que lo activa? ¿Qué rutina sigues y qué recompensa obtienes? Piensa en un microhábito positivo que podrías implementar para reemplazar esa rutina negativa. Tómate un momento para crear un plan de acción que te ayude a interrumpir el ciclo y a construir un nuevo patrón de comportamiento.

Capítulo 5: El Efecto Compuesto de los Microhábitos

Pequeños pasos, cuando se toman de manera constante, nos llevan a los destinos más grandes.» – Anónimo

En la vida, a menudo subestimamos el poder de las pequeñas acciones repetidas. Nos sentimos tentados a buscar soluciones rápidas y transformaciones dramáticas para lograr nuestros objetivos, pero los grandes logros rara vez se alcanzan de una sola vez. En cambio, el verdadero cambio a largo plazo se produce a través de la acumulación constante de pequeñas acciones: es el poder del efecto compuesto.

El efecto compuesto se refiere a la idea de que las pequeñas acciones realizadas de manera constante generan un impacto exponencial a lo largo del tiempo. Este concepto, ampliamente utilizado en las finanzas para describir el crecimiento de una inversión, también se aplica a la creación de hábitos y al desarrollo personal. En este capítulo, exploraremos cómo funciona el efecto compuesto y cómo puedes aprovecharlo para transformar tu vida de manera sostenible.

¿Qué Es el Efecto Compuesto?

El efecto compuesto se basa en la acumulación gradual de pequeñas acciones que, al repetirse de manera constante, conducen a resultados significativos. Imagina que cada acción positiva que realizas es como una pequeña gota de agua que cae en un cubo vacío. Al principio, las gotas individuales pueden parecer insignificantes, pero con el tiempo, el cubo comienza a llenarse hasta rebosar. Lo mismo sucede con los microhábitos: cada pequeña acción diaria se acumula y crea un impacto exponencial.

Ejemplo de Interés Compuesto en las Finanzas

El efecto compuesto se ilustra comúnmente a través del concepto de interés compuesto en las finanzas. Imagina que inviertes una pequeña cantidad de dinero en una cuenta que genera intereses compuestos. Cada año, tu inversión no solo genera un rendimiento sobre el capital original, sino también sobre los intereses acumulados. Con el tiempo, la cantidad total crece exponencialmente debido al poder del interés compuesto.

Apercepción Científica: El autor Darren Hardy popularizó este concepto en su libro *The Compound Effect*, donde explica cómo las pequeñas decisiones cotidianas se acumulan y crean un cambio significativo en la vida. Hardy argumenta que la clave para alcanzar el éxito a largo plazo no radica en los cambios drásticos, sino en las elecciones pequeñas y consistentes que hacemos cada día.

Cómo los Microhábitos Crean el Efecto Compuesto

Los microhábitos son una herramienta poderosa para aprovechar el efecto compuesto porque se basan en acciones pequeñas, manejables y repetibles. Cada vez que practicas un microhábito, estás depositando una pequeña gota en el cubo del cambio, y con el tiempo, estas gotas se acumulan y generan un impacto significativo. La clave es ser constante y confiar en el proceso, incluso cuando los resultados no sean visibles de inmediato.

1. La Importancia de la Consistencia

La consistencia es el motor del efecto compuesto. Al repetir un microhábito de manera constante, estás reforzando las conexiones neuronales en tu cerebro y creando un patrón de comportamiento automático. Esta consistencia es lo que convierte una pequeña acción en un hábito duradero y lo que permite que el efecto compuesto se active.

Ejemplo Real: El entrenador personal James Lawrence, conocido como el «Iron Cowboy», completó 50 triatlones Ironman en 50 días consecutivos. Lawrence atribuye su éxito no a su fuerza física, sino a su capacidad para ser constante y seguir un plan de entrenamiento meticuloso. Al completar pequeñas acciones diarias de entrenamiento, logró lo que muchos consideraban imposible.

2. La Paciencia: Un Componente Esencial del Efecto Compuesto

Una de las razones por las que las personas abandonan los microhábitos es porque no ven resultados inmediatos. Sin embargo, el efecto compuesto requiere paciencia y confianza en el proceso. Al principio, los resultados pueden parecer insignificantes, pero a medida que continúas practicando los microhábitos, los beneficios se acumulan y se hacen evidentes.

Apercepción Psicológica: Según investigaciones publicadas en *The Journal of Personality and Social Psychology*, la paciencia y la autorregulación son predictores clave del éxito a largo plazo. Aquellos que son capaces de mantenerse constantes en sus esfuerzos, incluso cuando los resultados no son inmediatos, tienen más probabilidades de lograr sus metas.

Microhábitos Clave para Crear un Efecto Compuesto Positivo

El poder del efecto compuesto se maximiza cuando eliges microhábitos que tienen un impacto multiplicador en otras áreas de tu vida. A continuación, se presentan algunos microhábitos clave que puedes adoptar para crear un efecto compuesto positivo en tu desarrollo personal y profesional.

1. Microhábito de Lectura Diaria

Leer tan solo 10 páginas al día puede parecer un objetivo pequeño, pero a lo largo de un año, habrás leído más de 3,650 páginas, lo que equivale a aproximadamente 18 libros. Este microhábito no solo amplía tus conocimientos, sino que también mejora tu capacidad de concentración y estimula tu creatividad.

Ejemplo Real: El CEO de Berkshire Hathaway, Warren Buffett, dedica gran parte de su tiempo a la lectura diaria y atribuye su éxito a este hábito. Aunque Buffett lee durante varias horas al día, recomienda comenzar con un objetivo pequeño y aumentar gradualmente la cantidad de tiempo de lectura.

2. Microhábito de Ejercicio Consistente

El ejercicio físico es otro microhábito que tiene un efecto compuesto significativo en tu bienestar. Dedicar 15 minutos al día a hacer ejercicio, como caminar, hacer yoga o realizar una breve rutina de entrenamiento, mejora tu salud cardiovascular, aumenta tu nivel de energía y reduce el estrés.

Apercepción Científica: Investigaciones de la Universidad de Harvard han demostrado que el ejercicio regular, incluso en pequeñas cantidades, reduce el riesgo de enfermedades cardiovasculares, mejora la función cognitiva y aumenta la esperanza de vida. La consistencia es más importante que la intensidad, ya que los beneficios se acumulan con el tiempo.

3. Microhábito de Reflexión y Planificación

Tomarte unos minutos cada noche para reflexionar sobre tu día y planificar tus actividades para el día siguiente es un microhábito que mejora tu productividad y tu capacidad de toma de decisiones. Esta pequeña acción te permite mantener el enfoque en tus metas y reducir la sensación de estar abrumado.

Ejemplo Real: El autor y conferencista Brian Tracy recomienda dedicar 10 minutos cada noche a escribir tres objetivos importantes para el día siguiente. Esta práctica simple pero poderosa te ayuda a mantener una mentalidad enfocada y orientada a la acción.

El Poder de la Sinergia: Cómo los Microhábitos se Refuerzan Entre Sí

Los microhábitos no funcionan de manera aislada; se refuerzan mutuamente y crean un efecto de sinergia. Por ejemplo, adoptar el microhábito de hacer ejercicio regularmente no sólo mejora tu salud física, sino que también aumenta tu energía y motivación para otros hábitos, como la lectura o la meditación. Esta sinergia multiplica el impacto de los microhábitos y amplifica el efecto compuesto.

1. Crear una Cadena de Microhábitos

Una estrategia efectiva para aprovechar el poder de la sinergia es crear una cadena de microhábitos. Esto implica organizar tus microhábitos de manera que uno desencadene al siguiente de forma natural. Por ejemplo, puedes crear una rutina matutina que incluya cinco minutos de estiramientos, seguida de la lectura de 10 páginas y una sesión de planificación diaria.

Apercepción Psicológica: Las investigaciones del Dr. James Clear han demostrado que la creación de una cadena de hábitos aumenta la probabilidad de que cada hábito se mantenga a largo plazo. Al vincular cada microhábito con un desencadenante claro, reduces la fricción y facilitas la repetición.

2. Celebrar el Progreso y las Pequeñas Victorias

El efecto compuesto también se refuerza al celebrar tu progreso y reconocer las pequeñas victorias. Cada vez que completas un microhábito, estás contribuyendo a tu éxito a largo plazo. Tomarte un momento para reconocer estos logros crea un ciclo de retroalimentación positiva que refuerza tu compromiso.

Conclusión: Confía en el Proceso del Efecto Compuesto

El efecto compuesto es una de las fuerzas más poderosas para lograr el éxito a largo plazo, y los microhábitos son la herramienta que te permite aprovecharlo. Aunque al principio los resultados pueden parecer pequeños, la clave es confiar en el proceso y mantenerte constante. Con el tiempo, verás cómo cada pequeña acción se acumula y genera un impacto significativo.

Punto de Reflexión: Reflexiona sobre las áreas de tu vida en las que deseas crear un efecto compuesto positivo. ¿Qué microhábitos podrías adoptar para maximizar el poder de la acumulación gradual? Tómate un momento para definir tres microhábitos clave que te acerquen a tus metas y establece un plan para practicarlos de manera constante.

Capítulo 6: Mantener la Motivación y la Coherencia

La motivación te impulsa a comenzar, pero la disciplina te mantiene en el camino.» – Jim Rohn

Adoptar nuevos microhábitos es solo el primer paso hacia el cambio, pero mantenerlos a lo largo del tiempo es el verdadero desafío. La motivación inicial a menudo nos impulsa a dar los primeros pasos, pero todos sabemos que esta puede desvanecerse rápidamente ante las dificultades y las distracciones de la vida diaria. Aquí es donde la coherencia se convierte en una herramienta fundamental para mantener los microhábitos a largo plazo.

En este capítulo, exploraremos cómo mantener la motivación y la coherencia para asegurar que tus microhábitos se conviertan en una parte estable de tu vida. Descubrirás estrategias efectivas para mantener el enfoque, superar los momentos de duda y construir una base sólida para la transformación continua.

El Papel de la Motivación en los Microhábitos

La motivación es una chispa inicial que nos impulsa a comenzar con entusiasmo. Sin embargo, es importante reconocer que la motivación es voluble y está influenciada por nuestras emociones, circunstancias y niveles de energía. En lugar de depender completamente de la motivación, es fundamental crear un entorno que te ayude a mantener la coherencia, incluso cuando la motivación sea baja.

Motivación Intrínseca vs. Extrínseca

Existen dos tipos principales de motivación: la motivación intrínseca, que proviene de dentro de ti, y la motivación extrínseca, que proviene de factores externos. La motivación intrínseca se basa en el disfrute o la satisfacción personal que obtienes al realizar una acción. Por ejemplo, leer porque te apasiona el conocimiento es una motivación intrínseca. Por otro lado, la motivación extrínseca se basa en recompensas o consecuencias externas, como recibir un elogio o evitar un castigo.

Apercepción Psicológica: La teoría de la autodeterminación, desarrollada por los psicólogos Edward Deci y Richard Ryan, sugiere que la motivación intrínseca es más sostenible a largo plazo porque está alineada con nuestros valores y deseos internos. Cuando disfrutamos de una actividad por sí misma, es más probable que la practiquemos de manera constante.

Cómo Aumentar tu Motivación Intrínseca

1. Enfócate en el Proceso, No Solo en los Resultados
    Cuando te concentras en disfrutar el proceso de un microhábito, en lugar de obsesionarte solo con los resultados, es más fácil mantener la motivación a lo largo del tiempo. Por ejemplo, si tu objetivo es hacer ejercicio regularmente, en lugar de enfocarte solo en perder peso, céntrate en cómo te hace sentir más enérgico y saludable.
2. Encuentra un Propósito Personal
    Conectar tus microhábitos con un propósito personal o con tus valores profundos aumenta tu motivación intrínseca. Pregúntate por qué es importante para ti adoptar un microhábito en particular y cómo se alinea con tus metas a largo plazo.

Ejemplo Real: El autor y empresario Simon Sinek popularizó el concepto del «por qué» en su libro *Start with Why*. Según Sinek, descubrir y articular tu propósito personal o profesional te proporciona una fuente de motivación más profunda y sostenida.

Estrategias para Mantener la Coherencia

La coherencia es la clave para transformar los microhábitos en una parte estable de tu vida. La buena noticia es que existen diversas estrategias que puedes utilizar para mantenerte enfocado y disciplinado, incluso cuando la motivación fluctúe.

1. Celebra las Pequeñas Victorias

Celebrar las pequeñas victorias te ayuda a reforzar los nuevos hábitos y a mantenerte motivado a lo largo del tiempo. Cada vez que completes un microhábito, tómate un momento para reconocer tu logro y sentirte bien por haber tomado una decisión positiva. Las celebraciones no tienen que ser grandes ni elaboradas; un simple «¡bien hecho!» o una sonrisa pueden ser suficientes.

Apercepción Psicológica: Según estudios realizados por la psicóloga Teresa Amabile, la celebración de pequeños logros genera una sensación de progreso y satisfacción, lo cual aumenta la motivación y refuerza el comportamiento positivo.

2. Utiliza Sistemas de Responsabilidad

Los sistemas de responsabilidad son una herramienta poderosa para mantener la coherencia. Involucrar a un amigo, un mentor o un grupo de apoyo te ayuda a mantenerte comprometido con tus microhábitos, ya que te proporciona un sentido de responsabilidad y apoyo externo.

Ejemplo Real: El emprendedor Tim Ferriss utiliza una técnica llamada «amigo de responsabilidad», en la cual se compromete públicamente con un amigo cercano a alcanzar un objetivo específico. Este simple acto de rendir cuentas a alguien más lo motiva a mantenerse enfocado en sus microhábitos, incluso cuando surgen distracciones.

3. Crea Recordatorios Visuales

Los recordatorios visuales son herramientas efectivas para reforzar tus microhábitos y mantener el enfoque. Coloca notas adhesivas en lugares visibles o utiliza aplicaciones de seguimiento de hábitos para recibir notificaciones diarias. Los recordatorios visuales actúan como señales que desencadenan el hábito, incluso en momentos de baja motivación.

Ejemplo Real: El autor Jerry Seinfeld utiliza una técnica llamada «cadena de hábitos», en la cual marca un calendario cada día que cumple con un microhábito. Su objetivo es no romper la cadena, lo cual se convierte en una motivación visual y un incentivo para mantener la coherencia.

Superar los Desafíos y Mantener la Coherencia

A lo largo del camino, es probable que enfrentes desafíos, momentos de duda y retrocesos. Es fundamental adoptar una mentalidad de resiliencia y flexibilidad para superar estos obstáculos y mantener la coherencia en tus microhábitos.

1. Practica la Autocompasión

Es normal cometer errores o tener días en los que no puedas cumplir con tus microhábitos. En lugar de castigarte, practica la autocompasión y reconoce que los retrocesos son una parte natural del proceso. La autocompasión te permite retomar el camino con una mentalidad positiva y enfocada en el aprendizaje.

Apercepción Psicológica: La investigadora Kristin Neff ha demostrado que la autocompasión está asociada con una mayor resiliencia y una menor autocrítica. Aquellos que practican la autocompasión son más propensos a recuperarse rápidamente de los fracasos y a mantener una actitud positiva hacia el cambio.

2. Redefine el Fracaso como Aprendizaje

En lugar de ver los retrocesos como fracasos, redefine estas experiencias como oportunidades de aprendizaje. Pregúntate qué puedes aprender de un contratiempo y cómo puedes ajustar tu enfoque en el futuro. Al adoptar esta mentalidad, transformas los desafíos en oportunidades para mejorar.

Ejemplo Real: La autora Brené Brown enfatiza la importancia de la vulnerabilidad y la disposición a aprender de los errores. Ella sugiere que aceptar nuestras imperfecciones y aprender de ellas nos permite mantener una mentalidad de crecimiento y resiliencia.

Construir una Rutina de Crecimiento Personal

Para mantener la motivación y la coherencia en tus microhábitos, es útil crear una rutina de crecimiento personal que te permita mantenerte enfocado en tus objetivos y valores. Una rutina de crecimiento personal es un conjunto de hábitos intencionales que se practican de manera coherente para fomentar tu desarrollo y bienestar.

Cómo Crear una Rutina de Crecimiento Personal

1. Define tus Objetivos a Largo Plazo
   Comienza por aclarar tus objetivos a largo plazo y reflexiona sobre los microhábitos que podrían ayudarte a alcanzarlos. Por ejemplo, si tu objetivo es mejorar tu bienestar emocional, podrías incluir la meditación, la gratitud y el ejercicio en tu rutina de crecimiento.
2. Establece una Secuencia de Microhábitos
   Organiza tus microhábitos de manera que se complementen entre sí y se integren en tu rutina diaria. Por ejemplo, podrías

comenzar tu mañana con una sesión de estiramientos, seguida de 10 minutos de lectura y una breve meditación.

3. Revisa y Ajusta Regularmente
   Revisa tu rutina de crecimiento personal de manera regular para evaluar su efectividad. Si notas que ciertos microhábitos no están funcionando o ya no se alinean con tus metas, ajústalos para mantener tu enfoque en el crecimiento continuo.

Conclusión: Mantener la Motivación y la Coherencia en los Microhábitos

Mantener la motivación y la coherencia en tus microhábitos requiere un enfoque intencional y una mentalidad de resiliencia. Al celebrar las pequeñas victorias, utilizar sistemas de responsabilidad y practicar la autocompasión, puedes construir una base sólida para el éxito a largo plazo. Recuerda que la perfección no es el objetivo; lo que realmente importa es seguir avanzando, adaptándote y manteniendo tu compromiso a lo largo del camino.

Punto de Reflexión: Reflexiona sobre los microhábitos que has implementado hasta ahora. ¿Qué sistemas de responsabilidad podrías utilizar para mantener tu compromiso? ¿Cómo podrías celebrar tus pequeñas victorias cada día? Tómate un momento para planificar cómo reforzar tu motivación y coherencia a partir de hoy.

Capítulo 7: Microhábitos Avanzados para el Éxito Profesional

« El éxito en los negocios y en la vida no se logra con grandes saltos ocasionales, sino con acciones pequeñas y coherentes que se construyen con el tiempo.» – Anónimo

En el mundo profesional, el éxito rara vez se logra de un solo golpe. La mayoría de las historias de éxito empresarial se construyen a partir de hábitos intencionales y estrategias de crecimiento a largo plazo. Los microhábitos avanzados son pequeñas acciones estratégicas que pueden tener un impacto significativo en tu carrera, tu liderazgo y tu capacidad para influir y conectar con los demás. En este capítulo, exploraremos microhábitos específicos que pueden potenciar tu éxito profesional y ayudarte a alcanzar tus metas.

Microhábitos para la Construcción de Redes y Relaciones

En el entorno profesional, el éxito no depende únicamente de tus habilidades técnicas, sino también de tu capacidad para construir relaciones sólidas y auténticas. La creación de redes efectivas es un arte que requiere tiempo, consistencia y una mentalidad orientada hacia la conexión genuina con los demás.

1. Conectar con una Nueva Persona Cada Semana

Un microhábito efectivo para construir relaciones sólidas es hacer un esfuerzo consciente por conectarte con una nueva persona cada semana. Esto puede ser a través de un mensaje en LinkedIn, un correo electrónico o una breve reunión de café. La clave es ser genuino y mostrar interés en conocer a la persona y en comprender su perspectiva.

Ejemplo Real: El empresario y autor Keith Ferrazzi, conocido por su libro *Never Eat Alone*, recomienda dedicar tiempo cada semana para fortalecer y expandir tu red de contactos. Ferrazzi sugiere que la clave para una red efectiva es la generosidad, es decir, ayudar a los demás sin esperar nada a cambio.

2. Practicar la Escucha Activa en Reuniones y Conversaciones

En el entorno profesional, la escucha activa es un microhábito poderoso para mejorar la calidad de tus interacciones y mostrar respeto hacia los demás. Durante las reuniones y conversaciones, evita las distracciones, reformula los puntos clave para demostrar tu comprensión y haz preguntas abiertas para profundizar en los temas discutidos.

Apercepción Psicológica: Estudios realizados en la Universidad de Harvard han demostrado que los líderes que practican la escucha activa mejoran la satisfacción de los empleados y aumentan la productividad del equipo. La escucha activa también fomenta la confianza y refuerza la conexión emocional con los colegas.

3. Enviar Mensajes de Agradecimiento y Seguimiento

Un microhábito simple pero efectivo para fortalecer tus relaciones es enviar mensajes de agradecimiento y seguimiento después de las reuniones o interacciones importantes. Expresar gratitud demuestra tu aprecio y ayuda a mantener una conexión positiva y duradera.

Ejemplo Real: La líder empresarial Indra Nooyi, ex CEO de PepsiCo, es conocida por su práctica de enviar notas de agradecimiento escritas a mano a sus empleados y colegas. Esta simple acción tuvo un impacto significativo en la moral del equipo y en la cultura de la empresa.

Microhábitos para el Liderazgo e Influencia

El liderazgo no se trata solo de ocupar una posición de autoridad, sino de influir positivamente en los demás y de crear un entorno en el que las personas puedan prosperar. Los líderes efectivos desarrollan microhábitos que les permiten mantener una mentalidad orientada al crecimiento, inspirar a sus equipos y fomentar un entorno de colaboración y confianza.

1. Dedicar 10 Minutos Diarios a la Planificación Estratégica

Un microhábito clave para los líderes es dedicar 10 minutos cada mañana a la planificación estratégica. Durante este tiempo, revisa tus prioridades, establece tus objetivos para el día y reflexiona sobre cómo tus acciones pueden contribuir al éxito de tu equipo y de tu organización.

Apercepción Psicológica: La planificación estratégica diaria ayuda a los líderes a mantener el enfoque en sus metas a largo plazo y a tomar decisiones de manera proactiva en lugar de reactiva. Además, fomenta una mentalidad de responsabilidad y claridad en la toma de decisiones.

2. Ofrecer Retroalimentación Constructiva Regularmente

Los líderes efectivos tienen el microhábito de ofrecer retroalimentación constructiva de manera regular y oportuna. La retroalimentación debe ser específica, equilibrada y orientada hacia el crecimiento. La clave es expresar aprecio por los esfuerzos y logros, al mismo tiempo que se proporcionan sugerencias concretas para la mejora.

Ejemplo Real: El líder empresarial Satya Nadella, CEO de Microsoft, ha promovido una cultura de retroalimentación abierta en la empresa. Nadella enfatiza la importancia de brindar retroalimentación en el momento oportuno y de manera respetuosa, con el objetivo de fomentar un entorno de aprendizaje continuo y mejora.

3. Delegar Responsabilidades para Empoderar al Equipo

El liderazgo efectivo implica no solo asumir responsabilidades, sino también delegarlas de manera estratégica para empoderar a los miembros del equipo. Un microhábito fundamental es identificar tareas que puedan ser delegadas y confiar en los demás para llevarlas a cabo, brindándoles la oportunidad de desarrollar sus habilidades.

Apercepción Científica: Según investigaciones publicadas en *The Leadership Quarterly*, los líderes que practican la delegación estratégica fomentan una mayor autonomía y confianza en sus equipos, lo cual resulta en un aumento de la satisfacción laboral y la productividad.

Microhábitos para el Éxito Financiero

El éxito financiero no solo se trata de aumentar tus ingresos, sino también de administrar tus recursos de manera efectiva y tomar decisiones financieras inteligentes. Los microhábitos financieros te permiten crear una base sólida para el crecimiento y la estabilidad económica a lo largo del tiempo.

1. Revisar tus Finanzas Personales Cada Semana

Un microhábito fundamental para el éxito financiero es revisar tus finanzas personales cada semana. Dedica 15 minutos a evaluar tus gastos, ingresos y ahorros. Esta revisión regular te permite mantener un control claro de tu situación financiera y hacer ajustes según sea necesario.

Ejemplo Real: El autor David Bach, conocido por su libro *The Automatic Millionaire*, recomienda realizar una revisión semanal de las finanzas como una forma de tomar el control consciente de tus decisiones económicas. Esta práctica te permite identificar patrones de gasto y ajustar tus hábitos para maximizar el ahorro y la inversión.

2. Establecer un Plan de Ahorro Automático

Establecer un plan de ahorro automático es un microhábito efectivo que te permite ahorrar de manera constante sin tener que tomar decisiones activas cada mes. Configura una transferencia automática de una parte de tus ingresos a una cuenta de ahorro o inversión.

Apercepción Científica: Los estudios de comportamiento financiero muestran que las personas que automatizan sus ahorros tienen más probabilidades de alcanzar sus metas financieras a largo plazo. La automatización elimina la fricción y reduce la tentación de gastar el dinero antes de ahorrarlo.

3. Leer 15 Minutos al Día sobre Finanzas Personales

Para mejorar tu conocimiento financiero, dedica 15 minutos al día a leer sobre temas de finanzas personales, inversiones o economía. Este microhábito te permite adquirir nuevos conocimientos de manera continua y tomar decisiones financieras más informadas.

Ejemplo Real: El empresario e inversionista Warren Buffett dedica varias horas al día a la lectura, y ha mencionado que su hábito de leer constantemente sobre temas financieros ha sido clave para su éxito en las inversiones.

Construir una Rutina de Microhábitos para el Éxito Profesional

Los microhábitos avanzados para el éxito profesional no funcionan de manera aislada; deben ser parte de una rutina coherente que te permita mantenerte enfocado en tus metas y en tu desarrollo continuo. Construir una rutina de microhábitos implica organizar tus acciones de manera que se refuercen entre sí y maximicen tu productividad y bienestar.

Cómo Crear una Rutina de Microhábitos para el Éxito Profesional

1. Identifica las Áreas Clave de Crecimiento
    Reflexiona sobre las áreas clave en las que deseas crecer

profesionalmente, como el liderazgo, las relaciones, la productividad o las finanzas. Define los microhábitos específicos que pueden ayudarte a mejorar en cada área.

2. Establece una Secuencia Lógica de Microhábitos
    Organiza tus microhábitos en una secuencia lógica que se integre de manera fluida en tu rutina diaria. Por ejemplo, podrías comenzar tu mañana con la planificación estratégica, seguida de la práctica de la escucha activa durante tus reuniones y finalizar el día con una revisión de tus finanzas personales.

3. Evalúa y Ajusta Regularmente tu Rutina
    Revisa tu rutina de microhábitos de manera regular para asegurarte de que siga siendo efectiva y relevante para tus metas. Si es necesario, realiza ajustes para adaptarla a tus nuevas prioridades y circunstancias.

Conclusión: Desarrollar Microhábitos Avanzados para Alcanzar el Éxito Profesional

Los microhábitos avanzados son pequeñas acciones estratégicas que pueden tener un impacto significativo en tu éxito profesional. Al centrarte en la construcción de redes, el liderazgo efectivo y la gestión financiera, puedes crear una base sólida para alcanzar tus metas a largo plazo. La clave es ser constante, intencional y estratégico en la práctica de estos microhábitos.

Punto de Reflexión: Reflexiona sobre tus metas profesionales a largo plazo. ¿Qué microhábitos específicos podrías adoptar para fortalecer tus relaciones, mejorar tus habilidades de liderazgo o aumentar tu estabilidad financiera? Tómate un momento para crear una lista de tres microhábitos clave y establece un plan para integrarlos en tu rutina diaria.

Capítulo 8: Construir una Vida de Crecimiento a Través de los Microhábitos

El verdadero crecimiento no proviene de grandes acciones aisladas,
« sino de pequeñas acciones repetidas con intención y consistencia.»
– Anónimo

Adoptar microhábitos no se trata solo de alcanzar objetivos a corto plazo, sino de construir una vida de crecimiento continuo y sostenido. Al desarrollar pequeños hábitos que apoyan tus metas y valores, estás creando una base sólida para evolucionar como persona, profesional y ser humano. El propósito final de los microhábitos no es simplemente crear nuevas acciones aisladas, sino integrarlas de manera coherente para construir una vida equilibrada y llena de propósito.

En este capítulo, exploraremos cómo los microhábitos pueden ser la clave para crear una vida de crecimiento continuo. Analizaremos cómo equilibrar diferentes áreas de tu vida, cómo superar los obstáculos y las resistencias al cambio, y cómo mantener una mentalidad de crecimiento que te permita evolucionar constantemente.

Equilibrar Diferentes Áreas de Tu Vida a Través de los Microhábitos

El equilibrio de vida no significa dividir tu tiempo de manera equitativa en todas las áreas, sino asignar tus recursos de manera que cada aspecto de tu vida reciba la atención adecuada. Lograr un equilibrio implica ser intencional y estratégico en la adopción de microhábitos que promuevan la salud, el bienestar, las relaciones y el desarrollo personal.

1. Microhábitos para el Bienestar Físico y Mental

Tu bienestar físico y mental es la base de tu vida. Cuidar tu cuerpo y tu mente te proporciona la energía y la claridad necesarias para enfrentar los desafíos diarios. Los microhábitos son una herramienta poderosa para mantener y mejorar tu bienestar.

Microhábito de la Actividad Física Diaria

Un microhábito efectivo para mejorar tu bienestar físico es incorporar pequeñas actividades físicas a lo largo del día. Esto puede incluir caminar durante 10 minutos, hacer estiramientos suaves al despertar o realizar una breve sesión de ejercicio después de cada comida. La clave es mantener las actividades lo suficientemente pequeñas como para que sean sostenibles y fáciles de realizar.

Apercepción Científica: Estudios de la Universidad de California han demostrado que las personas que practican actividad física ligera de manera regular experimentan una mejora significativa en su bienestar mental y emocional. Además, el ejercicio diario reduce los niveles de cortisol, lo que contribuye a una menor incidencia de estrés y ansiedad.

Microhábito de la Meditación y la Respiración Consciente

La meditación y la respiración consciente son microhábitos simples pero poderosos que mejoran la salud mental. Dedicar solo cinco minutos al día a respirar profundamente o a meditar puede reducir significativamente el estrés y aumentar la claridad mental.

Ejemplo Real: El empresario Ray Dalio, fundador de Bridgewater Associates, ha atribuido gran parte de su éxito a su práctica diaria de la meditación. Dalio menciona que este hábito le permite tomar decisiones con calma y claridad, incluso en momentos de alta presión.

2. Microhábitos para las Relaciones Personales

Las relaciones personales son una fuente crucial de apoyo y satisfacción en la vida. Al adoptar microhábitos que fortalezcan tus relaciones, puedes construir una red de apoyo emocional y mantener una sensación de conexión con los demás.

Microhábito de Expresar Gratitud Diariamente

Un microhábito poderoso para mejorar tus relaciones es expresar gratitud de manera diaria. Puedes tomar unos minutos al final del día para reflexionar sobre tres cosas por las que te sientes agradecido, ya sea por una conversación significativa, una ayuda recibida o un gesto amable.

Apercepción Psicológica: La investigación del Dr. Robert Emmons ha demostrado que las personas que practican la gratitud regularmente experimentan niveles más altos de satisfacción en sus relaciones y una mayor resiliencia emocional.

Microhábito de Escuchar Activamente

La escucha activa es un microhábito fundamental para construir y fortalecer relaciones. Durante las conversaciones, practica poner toda tu atención en la otra persona, evitando las distracciones y reformulando los puntos clave para demostrar tu comprensión.

Ejemplo Real: El psicólogo y autor Dale Carnegie enseñó la importancia de la escucha activa en su libro *Cómo Ganar Amigos e Influir sobre las Personas*. Carnegie enfatizó que la clave para construir relaciones sólidas es mostrar un interés genuino en los demás y escuchar con la intención de comprender.

3. Microhábitos para el Desarrollo Personal

El desarrollo personal implica mejorar constantemente tus habilidades, conocimientos y mentalidad. Los microhábitos son una herramienta efectiva para cultivar una mentalidad de aprendizaje y crecimiento continuo.

Microhábito de la Lectura Diaria

Leer al menos 10 páginas al día es un microhábito simple que puede tener un gran impacto en tu desarrollo personal. La lectura regular amplía tus conocimientos, estimula tu creatividad y te ayuda a adquirir nuevas perspectivas.

Apercepción Científica: Según un estudio de la Universidad de Yale, las personas que leen regularmente tienen una mayor esperanza de vida y una mejor salud cognitiva en comparación con aquellas que no lo hacen. La lectura diaria también fomenta la concentración y la capacidad de retención de información.

Microhábito de la Reflexión Personal

La reflexión personal es un microhábito que te permite evaluar tus acciones y aprender de tus experiencias. Dedica unos minutos cada noche a reflexionar sobre tu día, identificar tus logros y considerar qué podrías hacer de manera diferente.

Ejemplo Real: El filósofo Marco Aurelio, uno de los principales exponentes del estoicismo, practicaba la reflexión diaria como parte de su filosofía de vida. En su diario personal, *Meditaciones*, registraba sus pensamientos y reflexiones sobre cómo vivir de acuerdo con sus principios y valores.

Superar los Obstáculos y las Resistencias al Cambio

A pesar de las mejores intenciones, el cambio puede encontrarse con resistencias internas y externas. Estas resistencias pueden incluir creencias limitantes, patrones de pensamiento negativos o distracciones ambientales. Superar estas barreras es esencial para adoptar y mantener nuevos microhábitos.

1. Identificar y Cuestionar las Creencias Limitantes

Las creencias limitantes son pensamientos que nos impiden avanzar y alcanzar nuestras metas. Un microhábito efectivo para superar estas creencias es tomar unos minutos cada día para identificar un pensamiento limitante y desafiarlo. Pregúntate: «¿Es realmente cierto? ¿Qué evidencia tengo para sostener esta creencia?»

Ejemplo Real: La autora y conferenciante Louise Hay promovió la práctica de desafiar las creencias limitantes y reemplazarlas con afirmaciones positivas. Hay sugirió que cambiar nuestro diálogo interno es fundamental para transformar nuestra percepción y nuestras acciones.

2. Crear un Entorno que Apoye tus Microhábitos

El entorno físico y social puede tener un impacto significativo en tu capacidad para adoptar nuevos microhábitos. Un microhábito útil es hacer pequeños ajustes en tu entorno que faciliten la práctica de tus hábitos. Por ejemplo, puedes dejar un libro en tu mesita de noche para recordarte tu hábito de lectura antes de dormir.

Apercepción Científica: Investigaciones del Dr. Brian Wansink, experto en psicología del comportamiento, han demostrado que el entorno físico influye de manera subconsciente en nuestras elecciones y comportamientos. Cambiar pequeños aspectos de tu entorno puede hacer que los hábitos positivos sean más fáciles de realizar.

3. Desarrollar una Mentalidad de Crecimiento y Resiliencia

Una mentalidad de crecimiento implica ver los desafíos como oportunidades de aprendizaje y estar dispuesto a adaptarte ante las dificultades. Desarrollar esta mentalidad te permite superar los obstáculos con una actitud positiva y orientada hacia el progreso.

Apercepción Psicológica: La psicóloga Carol Dweck, autora de *Mindset: La Actitud del Éxito*, ha demostrado que las personas con una mentalidad de crecimiento tienen más probabilidades de perseverar frente a las adversidades y de alcanzar sus metas a largo plazo.

Mantener una Mentalidad de Crecimiento Continuo

Construir una vida de crecimiento a través de los microhábitos requiere una mentalidad de apertura, curiosidad y compromiso con el aprendizaje continuo. Esta mentalidad te permite adaptarte a las circunstancias cambiantes y aprovechar cada experiencia como una oportunidad de crecimiento.

1. Adoptar un Enfoque Curioso Hacia el Aprendizaje

La curiosidad es la base de una mentalidad de crecimiento. Practicar la curiosidad como un microhábito implica hacer preguntas, buscar nuevas experiencias y explorar temas que despierten tu interés. Dedica unos minutos al día a aprender algo nuevo, ya sea a través de la lectura, la escucha de podcasts o la observación de los demás.

Ejemplo Real: El emprendedor y filántropo Bill Gates es conocido por su insaciable curiosidad y su hábito de leer al menos 50 libros al año. Gates menciona que su curiosidad por aprender sobre una variedad de temas ha sido clave para su éxito y para su capacidad de innovar.

2. Practicar la Flexibilidad y la Adaptabilidad

A medida que enfrentas nuevos desafíos y circunstancias, es importante ser flexible y estar dispuesto a ajustar tus microhábitos según sea necesario. La rigidez puede llevar al agotamiento y a la frustración, mientras que la flexibilidad te permite mantener el equilibrio y la coherencia en el largo plazo.

Apercepción Psicológica: Un estudio de la Universidad de Stanford encontró que las personas que practican la flexibilidad cognitiva, es decir, la capacidad de cambiar su enfoque y adaptarse a situaciones cambiantes, tienen una mayor resiliencia y una mejor capacidad para manejar el estrés.

3. Cultivar la Gratitud para Mantener una Perspectiva Positiva

La gratitud no solo mejora tu bienestar emocional, sino que también fortalece tu resiliencia y tu capacidad para mantener una perspectiva positiva frente a los desafíos. Practicar la gratitud como un microhábito diario te permite enfocarte en lo positivo y apreciar el progreso que has logrado.

Ejemplo Real: La investigadora Brené Brown ha encontrado que la gratitud es un factor clave en la resiliencia emocional. Brown sugiere que practicar la gratitud de manera consciente ayuda a crear un sentido de satisfacción y a mantener una mentalidad optimista.

Conclusión: Crear una Vida de Crecimiento Continuo

Los microhábitos no son simplemente acciones pequeñas; son el fundamento para construir una vida de crecimiento continuo y sostenido. Al equilibrar diferentes áreas de tu vida, superar las resistencias al cambio y mantener una mentalidad de crecimiento, puedes evolucionar de manera coherente y significativa.

Punto de Reflexión: Reflexiona sobre los microhábitos que has adoptado hasta ahora y cómo han impactado en tu vida. ¿Qué áreas de tu vida podrían beneficiarse de un mayor enfoque en el crecimiento y la mejora? Tómate un momento para identificar tres microhábitos adicionales que te gustaría implementar y crea un plan para integrarlos de manera coherente en tu rutina diaria.

About the Author

Ethan Cole is a passionate advocate for personal growth and self-improvement, dedicated to helping others achieve lasting success through small, actionable steps. With a keen understanding of the power of habits and human behavior, Ethan blends research-based insights with real-life strategies to inspire readers to create meaningful change in their lives.

As the author of The Power of Micro Habits: Transform Your Life with Small Changes That Lead to Big Results, Ethan empowers individuals to embrace the potential of tiny actions that lead to profound transformations. Known for his straightforward and relatable writing style, Ethan focuses on making self-improvement accessible, achievable, and impactful.

When not writing, Ethan enjoys exploring new trails, sipping on a good cup of coffee, and traveling to inspiring destinations. He believes that every step, no matter how small, can lead to extraordinary achievements—and is committed to helping others unlock their full potential.